*Einschlafgeschichten
mit dem
Kater Baldrian*

von Dr. med.
A. Olschewski-Hattenhauer
und seiner Tochter
Sandra Tessa

Illustrationen von
Dagmar Kuntz

Annette Braun M.A.
Sporttherapeutin

Vorwort

Die meisten Eltern lesen ihren Kindern vor dem Einschlafen vor. Als Lesestoff verwenden sie dabei häufig die Märchen und Vorlesegeschichten, die ihnen selbst einmal vorgelesen wurden (z.B. die Grimm´schen Märchen ...), oder sie greifen zu einem der zahlreichen Bücher mit modernen Gute-Nacht-Geschichten oder Entspannungsübungen, die im Buchhandel angeboten werden.

Mit den antiquierten Geschichten, die damals vor allem der Vermittlung von Erziehungsinhalten dienten, können Kinder heute jedoch meist wenig anfangen. Einige träumen auf Grund der teilweise erschreckenden Inhalte danach schlecht.

Die folgenden Einschlafgeschichten mit dem Kater Baldrian basieren auf Grundideen der modernen Psychotherapie und zeitgemäßen Entspannungsmethoden. Zusätzlich bieten die Geschichten die Möglichkeit zur Bearbeitung bestimmter Problemfelder, die sich im Kindesalter und in einem kindlichen Umfeld in unserer Zeit typischerweise ergeben.

Praktisches Vorgehen Vor Beginn der eigentlichen Einschlafgeschichte soll ein immer gleiches Einschlafritual durchgeführt werden, das Sie einmal festlegen und dann beibehalten sollten (Beispiel: zuerst Zähne putzen, dann Gesicht waschen, ausziehen, Schlafanzug anziehen, Geschichte vorlesen, beten und einschlafen).

Einführung in die Geschichte Sie können zur Einführung in die Kater-Geschichte die unten vorgestellte Entspannungsübung (Einführungstext) oder auch einen abgewandelten eigenen Text benutzen, beispielsweise über eine Reise ins Traumland, ein Zusammentreffen mit der Vorlesefee oder die Einführungsgeschichte im Garten ... ablaufen lassen.
Die Einführung soll jeden Abend immer wieder in gleicher Weise durchgeführt werden. Wenn Sie wechseln wollen, nehmen Sie sich vor, die neue Variante mindestens für zwei Wochen beizubehalten.

Einschlafgeschichten mit dem Kater Baldrian Thematisch ranken sich die folgenden Geschichten um den Kater Baldrian. Er ist ein munterer kleiner Kerl, der alleine oder zusammen mit dem kleinen Mädchen, bei dem er zu Hause ist, viele Abenteuer erlebt. Am Ende jeder Geschichte, die etwa dem Text einer Din A 4-Seite entspricht, schläft er ein. Auch die Kinder, die diese Geschichte vorgelesen bekommen, sollen nach der Geschichte einschlafen. Die Kater-Geschichten sind Teil einer größeren Fortsetzungshandlung.

Einführungstext: Leg dich jetzt gemütlich in dein Bett und stell dir vor, du bist eine Katze, die auf dem Rücken in der Sonne liegt und sich ganz gemütlich streckt, räkelt und dehnt. Strecke, dehne und räkele auch du dich ein wenig. Wenn du gähnen musst, dann gähne ganz herzhaft und genieße es. Leg dich bequem unter deine Bettdecke, lasse beim Ausatmen die Luft einfach aus dir heraussinken und den Körper ganz locker werden. Mache eine kleine Pause, bevor du wieder einatmest. Liege ganz bequem, lasse das Einatmen ganz von selbst kommen. Stell dir vor, du liegst auf deiner Sonnenwiese. Die Sonne scheint auf deinen Bauch. Es wird vielleicht bald ganz warm werden. Vielleicht spürst du schon, wie sich der Bauch erwärmt. Deine Füße und deine Beine haben dich den ganzen Tag lang getragen, lass sie sich jetzt ausruhen. Lass sie ganz schwer werden. Das Bett trägt jetzt deine Beine. Deine Arme und deine Hände haben den Tag über so viel getan, jetzt dürfen sie ausruhen. Lass deine Hände und Arme ganz schwer sein. Lass deinen ganzen Körper schwer ins Bett sinken. Das Bett trägt dich jetzt. Und nun lese ich dir eine Geschichte vor.

Kater Baldrian fühlt sich alleine

Kater Baldrian war etwas traurig. Er fühlte sich einsam. Amber, das kleine Mädchen, mit dem Kater Baldrian zusammenwohnte, war mit ihren Eltern und Sandra-Tessa, der großen Schwester, verreist.

Sandra-Tessa ging schon in die Schule und hatte gerade Pfingstferien. Die Familie hatte diese Gelegenheit beim Schopf ergriffen und war nach Bayern in den Urlaub gefahren. Der Vater arbeitete sowieso immer nur – weil er Arzt war. Sogar am Wochenende wurden sie manchmal von Leuten gestört, die plötzlich erkrankten. Alle – außer Kater Baldrian natürlich – waren froh, nun einmal wieder gemeinsam fortzufahren. Die beiden Mädchen freuten sich, endlich beide Eltern ganz für sich alleine zu haben. Und die hatten sich schon vieles vorgenommen, was sie alles zusammen unternehmen würden. Weil Katzen in Hotels nun leider selten willkommen sind, musste der arme Kater Baldrian zu Hause bleiben.

Baldrian langweilte sich sehr, seit die Familie abgereist war, und sehnte sich nach den beiden Mädchen, die er ganz besonders vermisste. Abends schlüpfte er sonst immer ins Bett zu ihnen, wenn die Mutter es nicht merkte. Eine Nachbarin, die alte Frau Krause, kam nun ab und zu und sah nach dem Rechten. Sie setzte sich dann immer für eine Weile aufs Sofa und streichelte den Kater. Jeden Mittag kam außerdem Tante Maud. Die hatte versprochen, dass sie ihre Mittagspause bei dem Kater verbringen würde. Baldrian hatte schon fast den ganzen Vormittag mit seinem kleinen Klingelball gespielt, ein Geschenk von Tessa. Danach hatte er sich in seinen Katzenkorb unter eine warme Kuscheldecke gelegt. Doch sonderlich wohl fühlte er sich nicht.

Da kam Tante Maud. Kater Baldrian sprang sofort zur Tür, als er sie hörte. Tante Maud hatte gerade die Post geleert. Ein Brief von den Kindern war angekommen – mit extra Grüßen für den Kater Baldrian. Der Papa hatte wohl beim Schreiben geholfen. Tante Maud las vor: „... herrliches Wetter und ein Schmetterlingsbaum vor dem Fenster, du weißt schon, der mit den langen ovalen Blättern. Gelbe Zitronenfalter kommen jeden Tag und setzen sich auf die Blüten und trinken Nektar. Pfauenaugen gibt es auch. Das sind die Schmetterlinge mit den dunkelroten Flügeln und zwei großen blauen Augen auf den Flügeln. Abends rauschen zum Einschlafen ganz leise die Blätter einer Birke im Abendwind. Jeden Morgen kräht ein Hahn schon lange vor dem Frühstück. Dann werden andere Hähne wach und krähen auch. Ganz viele sogar. Manche sind direkt in der Nähe. Die hört man laut „Kikerikiii" rufen. Die anderen sind weiter weg, viel leiser. Nach dem Aufstehen sitzen wir zum Frühstück draußen

auf der Terrasse. Von dort können wir die Berge sehen. Wir dürfen uns alles bestellen, was wir wollen. Sie haben sogar Schaummilch.(So nannte Amber heiße aufgeschäumte Milch, die die Erwachsenen immer in ihren Kaffee wollen.) Wir brauchen immer ganz lange. Hier haben wir sooo viel Zeit. Vielleicht schmeckt deswegen alles so besonders gut. Amber hat eine große rote Erdbeere in den Mund gesteckt, zweimal gekaut und ganz lange mit der Erdbeere im Mund einfach nur so dagesessen, weil sie so gut geschmeckt hat." „Ja, ich kann es mir genau vorstellen," sagte Tante Maud. Die beiden, Tante Maud und Kater Baldrian, erlebten das Frühstück auf der sonnigen Terrasse in Bayern innerlich ein wenig mit. Tante Maud saß wie immer noch eine halbe Stunde mit Baldrian auf dem Sofa im großen Wohnzimmer. Sie ruhte sich aus und hatte ihn dabei auf dem Schoß, streichelte ihn und hörte zusammen mit dem Kater eine Kassette mit Entspannungsmusik an. Der Vater der Mädchen hatte ganz viele davon.

Fast jeden Tag hörte sich Amber, wenn sie einmal nicht verreist war, und das war die meiste Zeit des Jahres, eine solche Kassette an und dachte an die schöne Blumenwiese mit dem Regenbogen, von der ihr der Vater, schon als sie noch ganz klein war, zum Einschlafen immer erzählt hatte. Kater Baldrian saß ihr dabei immer gemütlich auf dem Schoß.

Baldrian und Tante Maud genossen die angenehme Entspannungsmusik, die schöne Wohnung und den Blick in den Blumengarten draußen. Die Sonne schien herein. Er legte sich auf den Rücken und ließ sich die Sonne auf den Bauch scheinen. Das fühlte sich so angenehm warm an. Kater Baldrian wurde ganz wohlig müde. Die Augenlider wurden schwer. Er gähnte noch ein wenig. Er atmete ganz ruhig. Er träumte vom Schmetterlingsbaum, von der Blumenwiese und von ganz langen ruhigen Tagen im Urlaub. Und dann schlief er ein.

Kater Baldrian besucht seine Freundin Mira

Kater Baldrian wachte auf. „Wo bin ich, was ist geschehen? Wo sind die anderen?" Da erinnerte er sich wieder an alles. Tante Maud war schon gegangen. Sie arbeitete in der Schwan-Apotheke gleich um die Ecke. Kater Baldrian streckte und räkelte sich. „Ich bin schon wieder alleine", miaute er. Da dachte Baldrian an seine Nachbarkatze Mira. Sie wohnte im gleichen Haus und war auch ein bisschen verliebt in ihn. „Die werde ich jetzt besuchen. Ach schön, da bin ich etwas abgelenkt", dachte der. Der Kater musste nur über zwei Fenstergiebel, ein Stück Dachrinne und ein Fenstersims klettern, dann kam er an das Gangfenster, das immer einen kleinen Spalt offen stand. Er schlüpfte hinein und gab ein lautes „Miau" von sich. Mira hörte ihn sofort und kam herbei. Sie rief besorgt: „Hallo Baldrian, hast du Kummer?" Mira kannte ihren lieben Baldrian gut, spürte, dass er sich nicht wohl fühlte. Deshalb tröstete sie den Armen. Sie legte ihr Köpfchen an seines und streichelte den traurigen Baldrian. Da ging es ihm schon viel besser. „Nun erzähl, Baldrian, was ist los? Warum bist du denn so traurig?". Da erzählte ihr der Kater alles.

Mira war nicht nur eine gut aussehende, schlanke, elegante schwarze Katze mit träumenden Augen, sondern auch eine weise Katzendame, die eine Menge vom Leben wusste. Nachdem sie sich eine Weile mit Kater Baldrian unterhalten hatte, meinte sie: „Warum fährst du dann nicht einfach hinterher?" Da blickte der Kater ganz verdutzt drein. Doch Mira wusste schon, welche Einwände er haben würde und wie sie seine Sorgen zerstreuen konnte. „Stell dir einfach vor, wie es wäre, wenn du dich einfach in das Hotel, in dem sie wohnen, hineinschleichtest. Du bist doch ein schlauer Kater, du kannst das. Nachts kannst du unter Ambers oder Tessas Bett schlafen. Keiner von den Erwachsenen wird etwas merken. Die beiden Mädchen werden dir auch etwas zum Essen bringen. Stell dir nur mal vor, was die Eltern sagen, wenn die beiden Mädchen auf einmal so einen großen Appetit entwickeln, weil sie vom Teller Leckereien für dich verschwinden lassen!"

„Und wie soll ich hinkommen?" fragte Kater Baldrian. Doch auch darauf wusste Mira eine Antwort: „Na, das ist doch ganz einfach. Der Bahnhof ist doch nicht weit, und lesen kannst du doch auch ein wenig. Also sollte es dir nicht schwer fallen, den richtigen Bahnsteig zu finden und einfach da, wo eine Tür sich öffnet, in die gerade keiner ein- oder aussteigt, in den Zug hineinzuspringen. Im Zug suchst du dir ein kuscheliges Plätzchen und ruhst dich aus, bis du in München bist. Und von dort ist es nicht mehr weit." „Aber wie weiß ich denn, wann ein Zug fährt?" fragte Kater Baldrian. Auch das wusste Mira, die schlaue Katze. „Mein Frauchen und ihre Klatschtantenfreundinnen ver-

lassen irgendwann das Arbeitszimmer und setzen sich auf den Balkon. Dann werde ich im Computer nachsehen und dir den Fahrplan ausdrucken." Auch die Katze Mira und Kater Baldrian gönnten sich nun zuerst einmal einen Kaffeeklatsch, nur dass man bei Katzen zum Kaffeeklatsch Milch schlabbert und trockene Katzenkekse zu sich nimmt, die beim Draufbeißen knirschen. Baldrian konnte es richtig genießen. Er war jetzt beruhigt. „Alles wird gut", dachte er. „Vielleicht bin ich schon bald bei Tessa und Amber. Was die wohl jetzt machen", überlegte er. Er stellte es sich genau vor. Die Blumenwiesen, die Sonne, das Vogelgezwitscher, die beiden Mädchen, die ausgelassen herum-

tollten. Amber liebte Pusteblumen. Wenn man sie pflückt und kräftig gegen die Blüte bläst, lösen sich die kleinen Schirmchen ab und schweben durch die Luft. Später wachsen dort, wo die Schirmchen landen, Löwenzahnblumen. Kater Baldrian liebte es, wenn sich die Kinder mit ihm auf eine Decke kuschelten. Er war auf einmal müde. Er kroch in Miras Katzenkorb und legte seinen Kopf auf das Kissen. Mira schmiegte sich ganz nah an ihn heran und umarmte ihn von der Seite. Es war so schön angenehm warm, wie in einer gemütlichen Kuschelhöhle. Auch Mira träumte vor sich hin. Sie seufzte: „Ach du süßer Baldrian!" Der atmete schon ganz ruhig und entspannt. Er war eingeschlafen. Mira schnurrte, so wohl fühlte sie sich. Dann fielen ihr auch die Augen zu, und sie reiste ins Traumland.

Der Fahrplan

Die beiden Katzen wachten auf. Sie streckten und räkelten sich. (Zu den zuhörenden Kindern: Strecke und räkle dich jetzt auch ein wenig, so wie eine Katze.) „Komm mit!" sagte Mira zu Kater Baldrian und ging voran ins Arbeitszimmer ihres Frauchens. Die saß gerade mit ihren Freundinnen auf dem Balkon am Kaffeetisch und tauschte die neuesten Geschichten aus der Nachbarschaft aus. Wer sich in wen verliebt hatte, wer sich eine neues Auto gekauft hatte, welchen Film im Kino sie uuunbedingt sehen mussten und so weiter. Zum Glück wussten sie nicht, wie sehr Mira in Baldrian verliebt war. Es hätte Mira geärgert, wenn die Frauen über sie getratscht hätten.

Wie alle Katzen liebte auch Mira Mäuse, auch wenn es nur Computermäuse waren. Sie sprang auf den Schreibtisch und stolzierte elegant zur Computermaus Sie bewegte sie hin und her. Immer wieder klickte sie auf die Taste der Maus. Dann war das Fahrplanprogramm geöffnet. Kater Baldrian

bewunderte sie sehr. Mira genoss es, aber sie tat so, als würde sie es nicht bemerken. Sie wollte nicht, dass er wusste, wie toll sie ihn fand. Ihr Frauchen hatte Heidelberg als Reisestart schon eingegeben. Mira bewegte die Maus ein wenig und klickte dann, als der Zeiger auf „Zielort" stand. Sie musste nur vier Buchstaben auf der Tastatur tippen und mit einer weiteren Taste bestätigen, da erschien Berchtesgaden auf dem Feld.

„Wenn ich mich richtig erinnere, ist es am besten, wenn du vormittags reist. Zum einen hast du dann eine direkte Verbindung und zum anderen ist der Zug bestimmt ganz leer." Sie tippte noch ein wenig, und während Kater Baldrian noch mit offenem Mund staunend dastand, war schon das Geräusch des Druckers zu hören. Als sie unter dem Schreibtisch nachschauten, kam bereits ein bedrucktes Blatt mit Zugnummern, Abfahrtszeiten und den Bahnsteignummern heraus. „Na prima, nur einmal umsteigen", bemerkte Mira. „Jetzt bin ich aber froh. Wenn ich dich nicht hätte, Mira!" sagte Baldrian erleichtert. Mira lächelte, ihr wurde wieder ganz warm ums Herz. „Ach, mein lieber Kater Baldrian, für dich tu' ich das gerne", meinte Mira. Ihr Herz schlug ein wenig schneller, und es wurde ihr ganz weich in den Knien. Doch Baldrian dachte nur an die beiden kleinen Mädchen, die er morgen endlich wieder sehen würde.

Wann würde sich Mira endlich trauen, ihrem Baldrian zu gestehen, wie sehr sie in ihn verliebt war. Baldrian unterhielt sich angeregt mit Mira. Er fühlte sich jetzt wieder besser. Er bemerkte nicht, dass Mira für ihn schwärmte. Sie verbrachten einen schönen Nachmittag. Baldrian genoss es sehr, dass Miras Frauchen sich zu ihnen setzte – der Besuch war gegangen – und ihn auch noch ein bisschen streichelte. Früh am Abend verabschiedete sich Kater Baldrian von den beiden Damen und trat seinen Nachhauseweg über die Dächer an, auf die die goldene Abendsonne bunte Farben zeichnete. Er war glücklich und beruhigt, als er seine Wohnung betrat. Er sah überall im Hause nach dem Rechten und kuschelte sich dann gemütlich in seinen Katzenkorb. „Mira ist wirklich lieb, sie ist eine Nette.

Wenn ich Sorgen habe, kann ich immer zu ihr kommen. Richtig schön, dass ich sie habe", dachte er vor sich hin und lächelte dabei. Da stand Mira plötzlich vor ihm. Baldrian dachte, es wäre ein Traum. Aber es war wirklich die Katze Mira. Sie war dem Kater Baldrian gefolgt. Er hatte nämlich den Fahrplan vergessen, den sie für ihn ausgedruckt hatte. Mira legte ihn neben den Katzenkorb, streichelte Baldrian zärtlich am Kopf und gab ihm einen Gutenachtkuss. Er fiel in einen tiefen Schlaf.

Im Traumland begegnete er den beiden Mädchen, nach denen er sich so sehr sehnte. Sie waren auf einer bunten Blumenwiese, sie lagen auf einer Decke und Baldrian räkelte sich in der warmen Sonne, sah den vielen bunten Schmetterlingen zu, genoss die klare Frühsommerluft in den Bergen, die so einen ganz bestimmten Geruch hat, und die liebe Katze Mira war irgendwie auch in seinem Traum dabei. Als Kater Baldrian schon tief und fest schlief, ging auch die verliebte Katze Mira über die Dächer nach Hause in ihren Katzenkorb, dachte noch einmal an den süßen schlafenden Kater. Sie seufzte ganz verträumt und schaute aus dem Fenster, durch das der Mond zu sehen war. Dann schlief sie ein. Im Traumland trafen sich die beiden.

Kater Baldrian beginnt seine Reise

Als Kater Baldrian am nächsten Tag aufwachte, fand er den Fahrplan, den ihm Mira ausgedruckt hatte, neben seinem Katzenkorb. „Ach die liebe Mira. Hat sie mir in der Nacht noch den Plan gebracht, wirklich nett von ihr." Er faltete ihn auseinander – Mira hatte ihn zusammengefaltet, damit er den Plan besser im Mund tragen konnte – und strich das Papier glatt. Gut, dass ihm Tessa das Lesen beigebracht hatte. Das war auch gut für sie selbst, denn dadurch hatte sie es noch ein bisschen schneller gelernt.

Aber so schwer fand es Baldrian eigentlich gar nicht. „Heidelberg", den Namen der Stadt, in der sie lebten, erkannte er fast immer, auch schon bevor er lesen konnte. Und das mit den Buchstaben war doch eigentlich kinderleicht. Der erste Buchstabe auf dem Plan war doch das „A", der sah aus wie ein Dachgiebel, von der Seite gesehen eben, mit einem Querbalken dazwischen. Der zweite Buchstabe war das „b". Dieser sah aus wie ein Strich mit einem runden Bauch. Also alles eigentlich ganz einfach. Auch mit den anderen Buchstaben. Er las „Abfahrt Heidelberg 10 Uhr". Kater Baldrian konnte auch die Uhr lesen. Also stand er auf. Er räkelte sich, dehnte und streckte und putzte sich. Ihr wisst schon, Katzenwäsche, das was bei Kindern nicht reicht.

Gerade wollte er sich dem Frühstück zuwenden, das die alte Frau Krause für ihn hingestellt hatte, da hörte er ein Miauen am Fenster. „Ach wie schön, da kommt Mira." Er öffnete, und Mira sprang elegant herein. „Ich will dich doch begleiten." – „Ach, du kommst mit?" – „Nur zum Bahnhof." Baldrian freute sich sehr. Nach dem Frühstück stiegen sie aus dem Fenster, über ein paar Dächer in ein verwinkeltes Treppenhaus mit bunten Bleiglasfenstern und einem Treppengeländer aus Sandstein mit vielen Figuren und Mustern. Als sie unten angekommen waren, öffnete sich gerade die Tür. Eine junge Frau mit einer Papiertüte, aus der es nach Croissants duftete, kam herein. Mira schlug die Augen nach oben, wie sie das immer tat, wenn sie etwas unmöglich fand. „Studenten feiern die ganze Nacht und stehen dann spät auf," bemerkte sie abfällig. Dann huschten sie hinaus, bevor die Tür sich wieder schloss.

Sie liefen die Straße entlang, bis eine ganz breite Straße ihren Weg kreuzte. Da kein Auto zu sehen

war, wollte Kater Baldrian einfach weiterlaufen. „Halt!" rief Mira, „pass doch auf. Warte, bis es grün ist!" Jetzt schlug Baldrian die Augen nach oben, er sagte aber nichts, denn dann hätte er vielleicht Streit bekommen mit Mira, und streiten mit Mira ... oh, oh, lieber nicht! Dann schaltete die Ampel auf Grün. Kater Baldrian lief schon los, da rief Mira wieder: „Halt! Trotzdem nach links und rechts gukken! Erst links, dann rechts, dann wieder links. Versprich mir, dass du das ab jetzt immer machst, sonst hab' ich Sorgen um dich und kann deinetwegen nicht schlafen." Kater Baldrian versprach es, wollte aber wissen, warum er denn auch bei Grün so vorsichtig sein sollte. „Na wegen der Taxifahrer", entgegnete ihm Mira, „wenn die dich nicht sehen, fahr'n die doch einfach weiter. Und Katzen und kleine Kinder sieht man eben nicht gleich. Das ist ja manchmal auch ganz gut so, aber auf der Straße müssen wir deswegen einfach immer aufpassen."

Sie kamen zum Bahnhof und liefen zu Bahnsteig 7. Es waren gar nicht so viele Reisende da. Besonders nett fand er eine ältere Dame mit einem roten, geblümten Kleid, die mit einem großen Koffer und einer Reisetasche unterwegs war, also offensichtlich eine längere Reise antreten wollte. Da kam auch schon der Zug. Eigentlich sah er mehr aus wie ein Flugzeug.

Mira und Baldrian liefen zu einer Tür, vor der offensichtlich niemand wartete. Während sich die Türen öffneten, machte es leise „Piep, Piep, Piep ...", ein Mann mit einem Aktenkoffer stieg aus, schaute auf die Uhr und lief dann mit schnellen Schritten zum Ausgang. „Schau mal Baldrian, Herr Superwichtig ist in Heidelberg eingetroffen", witzelte Mira. Aus dieser Tür stieg sonst niemand mehr aus. Mira schmiegte sich noch einmal ganz eng an ihren Kater Baldrian, gab ihm einen Kuss, und dann sprang der Kater vehement und beherzt in den Zug hinein. Eine Zwischentür öffnete sich automatisch. Baldrian hüpfte in ein Großraumwagenabteil. Dort stieg er auf einen Tisch und winkte der lieben Mira zu.

Es machte wieder „Piep, Piep, Piep ...", und die Türen der Eisenbahnwaggons schlossen sich so, als würde man die Tür eines Kühlschranks langsam zuwerfen. Der Pfiff eines Schaffners war noch zu hören, und dann winkte Kater Baldrian, während Mira langsam entschwand. Ihm war ein wenig traurig zumute, als er sah, wie Mira hinter ihm immer kleiner wurde.

Da kam ihm auf einmal von der anderen Seite des Eisenbahnwaggons die Frau mit dem roten, geblümten Kleid entgegen. Sie setzte ihren Koffer ab und stellte die Reisetasche auf einen Sitz. „Was bist du für eine nette Katze!" Sie setzte sich und nahm Kater Baldrian auf den Schoß und streichelte ihn. Der fühlte sich gleich wohl bei ihr. Baldrian schnurrte. Der Zug schaukelte sanft. Draußen huschten die Häuser, die Bäume und die Sträucher vorbei. Kater Baldrian träumte vor sich hin, von einer Blumenwiese, auf der die Sonne seinen Bauch wärmte, von Vogelgezwitscher und bunten Schmetterlingen. Er wurde immer müder und müder und schlief schließlich im Schoß der netten Dame ein.

Kater Baldrian im Zug

Als der Kater Baldrian wieder aufwachte, stand der Zug, und er schreckte ein wenig hoch, denn es hätte ja sein können, dass er aussteigen musste. Er befand sich immer noch auf dem Schoß der netten Dame in dem roten, geblümten Kleid. Sie streichelte ihn und sagte: „Es ist noch genug Zeit. Du kannst noch lange schlafen, und ich werde aufpassen, liebe Katze, und dich in München rechtzeitig wecken. Ich selbst muss ja dort auch aussteigen." Baldrian streckte und räkelte sich. (Zu den zuhörenden Kindern: Strecke und räkle dich jetzt auch ein wenig, so wie eine Katze.)

Die nette Dame erzählte von der Gegend, in die sie fahren wollte, von den hohen Bergen, den Seen, den kleinen Bächen mit klarem wohlschmeckendem kühlem Wasser. Sie erzählte von lustigem Vogelgezwitscher und wie schön sie es fand, wenn sie bei einem Waldspaziergang ein kleines Vögelchen sah, das sich im Bach badete, und dann erzählte sie noch von wunderbar schmeckenden Herzkirschen und leckerem Kaiserschmarrn, und sie erzählte von köstlich schmeckendem Apfelsaft, den der Bauer, bei dem sie wohnte, selbst gepresst hatte. „Miau!" sagte der Kater Baldrian. „Ich bin aber keine Katze, sondern ein Kater!". „Ach so. Tut mir Leid. Aber weißt du, das kann man,

glaube ich, auf den ersten Blick gar nicht so leicht erkennen", und sie kraulte Kater Baldrian im Nacken, worauf er genüsslich schnurrte. „Wie heißt du denn, süßer Kater?" fragte sie. „Ich heiße Kater Baldrian", meinte der daraufhin und nahm wieder auf dem roten geblümten Kleid Platz. Seine Zugbegleiterin streichelte ihn weiter. „Und ich heiße Elfriede und besuche meine Schwester in München. Ich hoffe, wir werden viele lustige Sachen erleben, und vielleicht finde ich einen netten Mann, der sich genauso genüsslich von mir streicheln lässt wie du."

Kater Baldrian erzählte, warum er unterwegs war und was er vorhatte. Da kam gerade der Schaffner vorbei und fragte: „Haben Sie irgendeinen Wunsch?" Die nette Dame meinte: „Nun, wenn Sie mich so fragen, möchte ich am liebsten Obsttörtchen", und sie kicherte ein wenig, denn sie wusste, dass es im Zug keine Obsttörtchen gab. Aber sie wusste auch, dass der Schaffner ihr nur Getränke aus dem Speisewagen bringen würde. Und da sagte sie einfach: „Ein Glas Milch und einen Kaffee, bitte!". „Sehr wohl, meine Dame", meinte der Schaffner, und schon nach kurzer Zeit war er zurück und brachte auf einem Tablett ein Glas Milch mit einer Untertasse und auch eine Tasse Kaffee. Als er wieder gegangen war, schüttete die nette Frau ein wenig Milch in die Untertasse und setzte Kater Baldrian neben sich auf den Tisch. Während sie ihren Kaffee genoss, schlabberte der immer noch ein wenig müde Kater

von der Milch. „Köstlich, einfach köstlich!" sagte er und streckte und reckte sich, und als er ein wenig wacher war, blickte er aus dem Fenster. Sie fuhren gerade durch eine schöne Landschaft mit vielen Hügeln, sehr viel Wald und Wiesen. Auf einigen Wiesen standen Kühe. So ein moderner Zug ist ganz schalldicht. Man kann nichts von draußen hören. Dennoch stellte sich Kater Baldrian vor, wie die Kuhglocken läuten und wie es sich anhört, wenn eine Kuh „Muh" ruft. Er sah in einem kleinen Dorf unten im Tal ein paar Kinder mit einem Ball spielen, aber der Zug war so schnell, dass sie schon in ein paar Sekunden wieder vorbeigehuscht waren. Dann sah er nach oben. Ein paar Schäfchenwolken zogen langsam vorbei. Es sah fast so aus, als würden sie mit dem Zug mitreisen. Alles andere, bis auf die Schäfchenwolken, flog ganz schnell vorbei. Und dann endlich kamen sie in München an. Kater Baldrian durfte sich auf die Schulter der netten Dame setzen, nachdem sie ihren Rollkoffer bereitgestellt und ihre Handtasche in die Hand genommen hatte. Die Tür öffnete sich mit einem „Piep, Piep, Piep, Piep", und die Frau stieg aus. Sie ließ ihr Gepäck von einem Gepäckträger tragen. Sie schaute noch einmal auf dem Fahrplan nach, auf welchem Bahnsteig ihr eigener Zug und der Zug, mit dem Kater Baldrian weiterfahren würde, abfuhr. „Oh, am gleichen Bahnsteig, nur ein anderes Gleis. Wir sind sozusagen Gleis-Nachbarn." Die nette Dame ging in ihr eigenes Abteil. Sie hatte einen Platz vorbestellt. Da sie noch ein paar Minuten Zeit hatte, brachte sie den Kater Baldrian zum Zug gegenüber. Der huschte schnell hinein und suchte sich einen Platz in der ersten Klasse. Dort stieg er auf einen Tisch am Fenster und winkte der netten Dame zu und wünschte ihr eine gute Reise. Kurz darauf hörte er den Pfiff des Schaffners, die nette Dame winkte noch ein wenig, als sich der Zug nach Berchtesgaden in Bewegung setzte. Baldrian sprang auf die Gepäckablage und kuschelte sich in einen Stapel Zeitungen, die jemand liegen gelassen hatte. Es war so gemütlich. Baldrian freute sich auf die beiden kleinen Mädchen. Er träumte von der Blumenwiese, den bunten Schmetterlingen, dem blauen Himmel, den Bergen im Sonnenschein, dem Vogelgezwitscher und wurde immer müder. Dann schlief er ein.

Kater Baldrian und der Schaffner

Kater Baldrian fuhr in der ersten Klasse des Bummelzuges nach Berchtesgaden. Er saß noch immer im Gepäckfach, gut versteckt unter einer Zeitung. Das Abteil war ganz leer, und Baldrian musste nur aufpassen, dass ihn der Schaffner nicht sah. Der konnte ihn, wenn er schlechte Laune hatte, einfach einfangen und am nächsten Bahnhof abgeben und in ein Tierheim bringen lassen. Das durfte natürlich nicht passieren, denn er wollte ja zu Amber und Tessa. Nachdem der Zug zwei Stationen gefahren war, kam tatsächlich der Schaffner vorbei. Er entfernte die Schilder, die anzeigten, dass ein Platz reserviert war. Er ging in das Abteil hinein, in dem sich der Kater Baldrian ganz oben auf dem Gepäcknetz versteckt hatte. Baldrian hoffte, dass ihn der Schaffner nicht sehen würde. Der aber blickte nach oben, weil er bemerkt hatte, dass dort eine Zeitung lag. Die wollte er sich holen. Denn es waren wenig Fahrgäste im Zug, so dass der Schaffner nicht viel zu tun hatte. Um sich die Zeit zu vertreiben, wollte er nun die Zeitung lesen. Dadurch zog er aber das Versteck weg, unter dem sich der Kater verborgen hatte. Der sprang geistesgegenwärtig von oben auf die Mütze des Schaffners, von dort auf dessen Schulter, dann auf den Sitz und huschte so schnell er konnte hinaus aus dem Abteil. Der Schaffner stand zuerst mit offenem Mund da. Als er sich wieder gefasst hatte, begann er zu schimpfen: „Herrschaftszeiten, zefix, halleluja, was is nachher des? Ja, was machst denn du hier?" und schaute zur Tür des Abteils hinaus. Aber da war kein Kater mehr zu sehen.

Der Schaffner war etwas wohlbeleibt, wie die Erwachsenen so sagen. Aber eigentlich war er ganz dick. Es fiel ihm schwer, schnell zu laufen, und er rannte in die eine Richtung, wo die Tür offen stand. Dann lief er in den nächsten Waggon hinein und hielt Ausschau nach dem Kater Baldrian. Als er einer älteren Dame mit Sonnenschirm begegnete, fragte er: „Ha'm Sie a Katz' g'sehn?" Sie antwortete: „Also, nicht dass ich etwas wüsste – aber wissen Sie denn sicher, dass es eine Katze war oder vielleicht nicht doch etwas anderes, vielleicht ein Eichhörnchen oder ein Hund?" Der Schaffner antwortete nicht und dachte nur, dass es schon stimme, dass diese Leute aus Norddeutschland irgendwie alle ein wenig komisch seien. Er rannte weiter. Er schwitzte. Er konnte den Kater einfach nicht finden.

Kater Baldrian war schnell durch eine offen stehende Tür in ein Abteil gesprungen, in dem zwei Mädchen mit ihrer Oma reisten. Die war gerade ein wenig eingenickt und schlief vor sich hin. Die beiden Kinder waren begeistert von dem Kater. Sie hießen Marie und Sophie. Nachdem Baldrian ihnen alles erzählt hatte, verspra-

chen sie, ihn, wenn der Schaffner vorbeikommen sollte, zu verstecken. Und natürlich schlossen sie gleich die Tür des Abteils, damit sie dem Schaffner nicht besonders auffielen. Der fragte jetzt überall nach, ob jemand eine Katze gesehen hätte. Marie und Sophie verneinten, und sie hatten auch nicht gelogen, denn Baldrian war ja ein Kater. Auch die Großmutter, die aufwachte, als der Schaffner hereinkam, sagte Nein, denn sie hatte nun wirklich überhaupt nichts gesehen. Der Kater Baldrian aber hatte sich unter Maries Jacke versteckt.

Der Zug ratterte dahin, und die Großmutter schlief bald wieder ein. Sie freute sich auf die schönen Berge, dachte an ein frisches Bauernbrot mit Butter und Käse, das sie auf einer Wanderung essen würden ... und ein Glas Milch dazu ... draußen zu sitzen in der herrlichen Bergluft, in der Sonne.

Auch Kater Baldrian genoss nun wieder die Zugfahrt. Er dachte an Amber und Tessa, die er jetzt bald treffen würde. Er träumte vom Schmetterlingsbaum, vom Frühstück draußen auf der Wiese, vom blauen Himmel und von der herrlichen Sonne. Und dann schlief er ein.

Kater Baldrian kommt an

Als sie an der Endstation ankamen, stiegen alle Fahrgäste aus. Er war zwar etwas schwer, aber Marie trug den Kater Baldrian in seinem Rucksack. Nachdem sie das Bahnhofsgebäude verlassen hatten, las Marie, die schon ein wenig lesen konnte, die großen Wegweiser, die zeigten, wo es zu welchem Hotel geht. Die Großmutter war erst etwas ungeduldig, aber als sie sah, dass das Mädchen lesen übte, wartete sie ein wenig, bis es den Namen „Hotel Bellevue" gefunden hatte. „Wir müssen nach links", gab Marie stolz die Wegbeschreibung. Die Großmutter stimmte zu. Die Pension, in der sie ein Zimmer bestellt hatten, war in der Nähe des Hotels Bellevue, das der Kater suchte. So gingen sie einige Zeit. Da meinte die kleine Marie: „Ich kann nicht mehr, ich brauche eine Pause". „Na, ist dir der Rucksack zu schwer?" fragte die Großmutter. „Ich nehme ihn mal von deinen Schultern." „Aber nein", entgegnete ihr Marie eilig. „Ist schon gut", und ging schnell weiter. Da bemerkte die Großmutter, dass Marie etwas verheimlichte. Schmunzelnd fragte sie: „Na, was hast du im Rucksack versteckt?" Da öffnete das Mädchen den Rucksack, und der Kater Baldrian hüpfte heraus. „Ja, da ist doch die Katze, die der Schaffner gesucht hatte!" meinte die Großmutter. „Aber nein, Kater Baldrian ist doch keine Katze, er ist ein Kater! Wir mussten ihn retten, denn er will die kleine Amber und ihre große Schwester Tessa besuchen. Wenn der Schaffner ihn erwischt hätte, hätte der ihn doch sofort ins Tierheim gebracht." Das verstand die Großmutter und schmunzelte: „Na, da habt ihr Kinder euch mal wieder gegen die Erwachsenen verbündet. Aber, ist schon gut. So was hab' ich früher auch immer gemacht." Sie nahm den Kater auf den Arm und streichelte ihn. „Na dann wollen wir mal das Hotel suchen", sprach sie aufmunternd.

Sie erreichten ein großes Holzhaus mit Balkons vor jedem Fenster. Es stand auf einer großen Wiese. Auf einem Schild stand „Hotel Bellevue". Die Kinder und die Oma wünschten dem Kater viel Glück: „Komm uns mal besuchen, unsere Pension ist nur drei Häuser weiter". Kater Baldrian verabschiedete sich von den Dreien und sprang schnell zum Eingang des Hotels. Er freute sich darauf, Amber und Tessa bald wieder zu treffen.

Blitzschnell sprang er an ein paar Gästen, die auch gerade angekommen waren, vorbei in die Hotelhalle und schnurstracks, so schnell er konnte, die Treppe hinauf. Er war zum Glück keinem aufgefallen. Aber wie sollte er die beiden Mädchen finden? Er wusste, dass sie immer ein eigenes Zimmer hatten, neben dem Zimmer der Eltern. Aber wo? Er lief die Treppe ganz nach oben, schaute auf dem Weg immer wieder in einen Gang hinein. Doch vergeblich. Dann lief er wieder zurück. Wo sollte er die beiden nur finden? Als er schon fast verzweifeln wollte, hatte er plötzlich die katzenmäßige Idee: Er musste einfach in seinem Herzen nachspüren, wo es ihn hinzog. Und so setzte er sich für einen Moment auf die Treppe, und dann beschlich ihn so ein Gefühl, dass er nach oben gehen musste. Das tat er auch. Ganz nach oben, immer weiter, bis er im obersten Stockwerk war. Dort oben angekommen wollte er zuerst nach rechts gehen, aber es zog ihn nach links. Und dann lief er den Gang entlang, bis er vor einem ganz bestimmten Zimmer Halt machte. Er wusste einfach, dass sie dort wohnen mussten. Ganz leise kratzte er an der Tür und miaute vorsichtig.

Von drinnen hörte er zwei ihm wohl vertraute Stimmen: „Das ist doch unser lieber Kater Baldrian! Baldrian, ach Baldrian, du bist zu uns gekommen!" Amber und Tessa öffneten die Tür und schlossen ihren geliebten Kater Baldrian in die Arme. Es war schon Zeit zum Schlafengehen, und nachdem sie sich alles erzählt hatten, kroch Kater Baldrian zu den beiden Mädchen ins Doppelbett, und dann schliefen alle drei glücklich und zufrieden ein.

Kater Baldrian träumte vom Schmetterlingsbaum, vom Frühstück draußen auf der Wiese, vom blauen Himmel und von der herrlichen Sonne und den Schmetterlingen, die Nektar tranken. Er schlief glücklich und zufrieden ein.

ENDE

Impressum:

© 2000, Edition SIGNUM Heidelberg
und die Autoren
ISBN 3-9803012-5-7
Text: Dr. med. A. Olschewski-Hattenhauer
Illustrationen: Dagmar Kuntz
Produktion : W. Heid